MANDALAS CELTAS

IMAGENS INSPIRADORAS PARA DESENHAR, COLORIR E MEDITAR
– ACOMPANHADAS DE INDICAÇÕES DE CORES COM BASE NA CROMOTERAPIA –

LISA TENZIN-DOLMA

Tradução
GILSON CÉSAR CARDOSO DE SOUSA

Editora Pensamento
SÃO PAULO

ESPIRITUALIDADE CELTA

OS ANTIGOS CELTAS, QUE OCUPARAM A EUROPA DURANTE O PRIMEIRO MILÊNIO ANTES DE CRISTO, ERAM RENOMADOS COMO GUERREIROS, CONTADORES DE HISTÓRIAS E ARTESÃOS. SUAS TRADIÇÕES E CRENÇAS CHEGARAM ATÉ NÓS SOB A FORMA DE LENDAS, MAS FORAM TALVEZ MAIS BEM PRESERVADAS E RETRATADAS NA ARTE SIMBÓLICA. AS IMAGENS CELTAS PODEM PROPORCIONAR UMA MARAVILHOSA PERCEPÇÃO DA ESPIRITUALIDADE DESSE POVO.

Os celtas (ou *keltoí*, como os chamavam os antigos gregos) eram um grupo de tribos e clãs que se espalharam pelo oeste da Europa, do Danúbio à França, Ilhas Britânicas e Espanha. Na literatura greco-romana clássica, fala-se muito dos celtas em batalha: sua reputação belicosa, seus cabelos tingidos e seus corpos tatuados aterrorizavam o inimigo.

Mas os celtas eram também um povo espiritual. Havia em suas crenças a ideia de que o três era o número sagrado e mágico por excelência. Por isso, muitas vezes os contos celtas contêm referências a grupos de três pessoas, animais ou acontecimentos importantes. Sua arte, como as mandalas deste livro, mostram frequentemente grupos de três objetos, como espirais ou formas animais, que intensificam o poder simbólico das imagens. Os celtas viam a própria vida como um ciclo de três partes – nascimento, crescimento e morte – e adoravam a Deusa Tríplice da Terra sob os aspectos da Donzela inocente, da Mãe amorosa e devotada, e da Anciã cheia de sabedoria.

As lendas celtas também continham seres mágicos com poder de abençoar ou amaldiçoar e heróis como Cúchulainn e Bran, cujas longas viagens ao Mar Ocidental os levaram a aprofundar o conhecimento do mundo e de si mesmos. Isso pressupunha, não raro, visitar o Outro Mundo – a terra dos mortos –, onde tinham de enfrentar toda sorte de desafios.

Desde os tempos mais remotos, os artefatos celtas revelam o apaixonado compromisso do povo com o mundo espiritual. Um dos mais antigos símbolos que pintavam era o Sol – o doador de vida. Com o advento da Idade do Ferro, por volta de 600 a.C., os celtas tiveram talentosos ferreiros em suas comunidades. Suas joias, armas e barcos engenhosamente trabalhados exibiam símbolos primordiais como a roda do sol, mas agora incluíam formas animais e vegetais elegantes e estilizadas, bem como imagens de heróis e heroínas, deuses e deusas etc.

Artefatos ricamente ornamentados eram muitas vezes enterrados com os mortos. Nos túmulos reais dos celtas da Europa Central, os mortos partiam para a outra vida munidos de valiosas armas e aderecos, vários dos quais enfeitados com imagens de animais ou desenhos em zigue-zague.

"FAÇO AGORA,/COM ENORME VEEMÊNCIA,/
A INVOCAÇÃO DA TRINDADE."

DO "GRITO DO CERVO" (ANÔNIMO)

(c. SÉCULO IX d.C.)

"QUE ELE ERA VERSADO EM MAGIA, NÃO SE IGNORA.
POIS SEMPRE FOI CHAMADO DE SÁBIO... COMERA O
SALMÃO DO CONHECIMENTO."

DE "A INFÂNCIA DE FIONN" (ANÔNIMO)

(SÉCULO XII)

"A TOTALIDADE DA CRIAÇÃO E DA VIDA, TAIS QUAIS SE
MANIFESTAM, É CONSEQUÊNCIA DA TRANSFORMAÇÃO
DO VELHO DEUS EM UM NOVO."

ENSINAMENTO TRADICIONAL CELTA

(SÉCULO II A.C. - SÉCULO I D.C.)

"BANHO TUAS MÃOS/EM JORROS DE VINHO,/NO FOGO
LUSTRAL/E NOS SETE ELEMENTOS."

DE "A INVOCAÇÃO DAS GRAÇAS" (ANÔNIMO)

(SÉCULO I A.C.)

O Homem Verde é uma imagem pré-cristã associada à primavera e à natureza, sendo também um símbolo de renascimento. Alguns afirmam que ele é a contraparte masculina de Gaia, a Mãe Terra ou Grande Deusa. Acredita-se que certas figuras das lendas populares derivem do arquétipo do Homem Verde – especialmente na história do ciclo arturiano intitulada *Sir Gawain e o Cavaleiro Verde*.

Os celtas empregavam esses tipos de desenho para embelezar suas roupas e tatuar seus corpos, mas também para trabalhar a pedra. Um dos traços mais característicos da arte celta – como seu intricado entrelaçamento de nós – desenvolveu-se na Grã-Bretanha e na Irlanda com a chegada do cristianismo, oriundo da fusão dos estilos celta e germânico. Cruzes com desenhos feitos de nós – que, segundo se acredita, representam a eternidade e a interconexão – eram esculpidas em pedra e forjadas em metal, tornando-se um elemento regular nos manuscritos religiosos cristãos.

As belas mandalas apresentadas neste livro inserem o antigo poder e sabedoria dos símbolos celtas no quadro das mandalas tradicionais do Oriente. A mais simples é o círculo, que simboliza a totalidade – de fato, a palavra *mandala*, em sânscrito, quer dizer "círculo". Embora as mandalas não sejam um aspecto estritamente típico da tradição celta, parece adequado juntar as duas coisas, pois o círculo possui profunda ressonância espiritual na arte celta, como símbolo do infinito e do ciclo infindável da vida.

Ao escolher neste livro uma mandala para colorir ou usar na meditação, prefira aquela que, de fato, tenha para você um apelo bastante forte. Todas as mandalas são apresentadas em forma de desenhos. Após os 26 primeiros, complexos e sofisticados, vem uma seleção de padrões geométricos básicos com os quais você poderá criar os seus próprios desenhos. Depois de escolher sua mandala, oriente-se pelas cores sugeridas para decidir quais irá aplicar ou aplique-as seguindo a própria intuição. Se a mandala for colorida de acordo com sua preferência pessoal, você poderá iniciar a meditação.

A meditação depende muito da concentração. Assim, antes de usar a mandala que coloriu, encontre um local tranquilo onde possa se sentar longe de distrações e ruídos. Procure absorver a atmosfera de serenidade à sua volta e, logo de início, acalmar a mente, respirando de maneira lenta e profunda. Use o guia passo a passo abaixo para adquirir prática.

COMO MEDITAR COM AS MANDALAS

1. Coloque a mandala escolhida numa mesa ou no piso, ao alcance da mão, diante de você e em linha com seus olhos. Sente-se confortavelmente – numa cadeira, com os pés pousados no piso, ou numa almofada, com as pernas cruzadas.
2. Respire devagar e profundamente, a partir do diafragma, enquanto esvazia e acalma a mente.
3. Sem esforço, fixe a mandala e relaxe os olhos até que a imagem fique ligeiramente fora de foco.
4. Sentado em silêncio, concentre-se na imagem e faça com que suas formas, padrões e cores trabalhem sua mente inconsciente. Se surgirem pensamentos que o distraiam, deixe-os ir e, sem esforço, concentre-se de novo na mandala.
5. De início, faça isso por pelo menos 5 minutos. Nas sessões seguintes, procure aumentar gradualmente o período de meditação para 15 minutos.
6. Quando estiver pronto, traga lentamente sua atenção de volta ao mundo que o cerca.

PODER DO DRAGÃO

PARA OS CELTAS, A FIGURA DO DRAGÃO SIMBOLIZAVA TANTO O PODER DA NATUREZA QUANTO A IMPORTÂNCIA DE RECONHECER E PROTEGER NOSSOS PRÓPRIOS PODERES E RECURSOS OCULTOS.

1. Observe os dois dragões entrelaçados no centro da mandala. Pense neles como uma representação de seus pensamentos, sentimentos, crenças e habilidades mais profundos e preciosos – seu "tesouro oculto". Saiba que esse tesouro estará sempre aí, para abastecê-lo.
2. Volte a atenção para o espaço em volta dos dragões. Veja-o como seu retiro sagrado, onde você pode se sentir seguro neste mundo. Proteja-o com todo o seu coração e com toda a sua alma, e vá para lá toda vez que precisar de repouso, recuperação e regeneração.
3. Por fim, observe os dragões no círculo externo. Vendo-os dançar ao redor da mandala, em cima e ao longo das reviravoltas da vida, considere que eles talvez simbolizem a parte de você que os outros notam. Esse "eu exterior" é nutrido e sustentado pela força e a vibração do "eu interior".

CORES SUGERIDAS

DRAGÕES ENTRELAÇADOS: **vermelho** para paixão, força, desejo; **amarelo** para afeto, confiança, alegria, equilíbrio.
ESPAÇO EM VOLTA DOS DRAGÕES: **verde** para natureza, fertilidade, caridade, prosperidade, saúde.
FUNDO EXTERNO: **azul** para tranquilidade, proteção, devoção, sinceridade.

"NEM MINHA MÃE NEM MEU PAI ME GERARAM: OS NOVE ELEMENTOS É QUE ME FIZERAM."
TALIESIN
(c. 534–599 d.C.)

SETE ESPIRAIS

NO FOLCLORE CELTA, O NÚMERO SETE ERA ASSOCIADO AO AUMENTO DA BOA SORTE. AS SETE ESPIRAIS NO CENTRO DESTA MANDALA NOS ANIMAM A ABRIR O CORAÇÃO E ACOLHER A ENERGIA DO AMOR EM NOSSA VIDA.

1. Pouse o olhar nas sete espirais centrais. Perceba a luz e o calor vital se irradiando de sua energia rodopiante, como se fosse do sol. Saiba bem no fundo do coração que, não importam as tribulações do momento, tudo acabará bem.
2. Volte a atenção para os nós ao redor do círculo central. Esse entrelaçamento deve lembrar-lhe de que tudo o que acontece em sua vida conduz a novas e excitantes conexões e possibilidades.
3. Desloque o olhar para as espirais na borda quadrada. Permita que seu padrão colorido abra seu espírito para a inspiração, mesmo na crua realidade do cotidiano.
4. Por fim, examine o anel externo de pequeninos círculos brilhantes – que simbolizam seu eu interior positivo e jovial.

CORES SUGERIDAS

SETE ESPIRAIS CENTRAIS: **azul** para tranquilidade, proteção, devoção, sinceridade; **verde** para natureza, fertilidade, caridade, prosperidade, saúde; **púrpura** para poder, piedade, santidade, sentimento.

NÓS: **verde** para natureza, fertilidade, caridade, prosperidade, saúde; **púrpura** para poder, piedade, santidade, sentimento.

ESPIRAIS NA BORDA QUADRADA: **verde** para natureza, fertilidade, caridade, prosperidade, saúde; **púrpura** para poder, piedade, santidade, sentimentalismo; **amarelo** para afeto, confiança, alegria, equilíbrio.

CÍRCULOS PEQUENOS: **verde** para natureza, fertilidade, caridade, prosperidade, saúde; **amarelo** para afeto, confiança, alegria, equilíbrio.

"UM MUNDO ENCANTADO É AQUELE QUE FALA À ALMA, ÀS MISTERIOSAS PROFUNDEZAS DO CORAÇÃO E DA IMAGINAÇÃO, ONDE ENCONTRAMOS VALOR, AMOR E UNIÃO COM O UNIVERSO."
THOMAS MOORE
(1779–1852)

ÁRVORE DA VIDA

OS CELTAS VIAM AS ÁRVORES COMO UMA CONEXÃO ENTRE O MUNDO TERRENO E AS ESFERAS SUPERIORES: UMA PODEROSA FONTE DE NUTRIÇÃO E CRESCIMENTO ESPIRITUAL. PERMITA QUE A ÁRVORE DA VIDA LHE DÊ FIRMEZA E INSPIRAÇÃO.

1. Passe os olhos pelo círculo de raízes no centro da mandala: o lugar secreto de onde a vida brota. Imagine que você também tenha raízes para ligá-lo ao centro da Terra. Ganhe força e senso de segurança por estar com os pés tão firmemente plantados no chão.
2. Contemple os galhos florescentes das quatro árvores, que nascem todas do mesmo núcleo pequeno de raízes. Reconheça que você, como as árvores, pode florescer e crescer – emocional e espiritualmente –, desde que permaneça firmemente enraizado.
3. Amplie o foco para visualizar a mandala inteira. Olhe para além do quadrado, que representa a estabilidade do mundo físico, e observe os pássaros, que simbolizam sua conexão com a esfera espiritual. Saiba que seu espírito, como os pássaros, pode flutuar nas alturas, livremente.

CORES SUGERIDAS
RAÍZES: **azul** para tranquilidade, proteção, devoção, sinceridade.
GALHOS: **verde** para natureza, fertilidade, prosperidade, saúde, enraizamento.
PÁSSAROS: **amarelo** para afeto, confiança, alegria, equilíbrio.

"É A MADEIRA DA POESIA QUE SE DESGASTA MAIS FACILMENTE E NÃO HÁ MADEIRA QUE NÃO TENHA FORTES RAÍZES EM MEIO À LAMA E OS VERMES."
JOHN MILLINGTON SYNGE
(1871–1909)

TAÇA DA ABUNDÂNCIA

AS LENDAS CELTAS FALAM DE UMA TAÇA OU CALDEIRÃO DA ABUNDÂNCIA QUE NUNCA SE ESVAZIAVAM E CONCEDIAM A QUEM OS TOCASSE SEU DESEJO MAIS ARDENTE. A TAÇA É UM SÍMBOLO DOS DONS INFINITOS DO UNIVERSO.

1. Passe os olhos pela taça cravejada de joias no centro da mandala. Sua magia funciona graças ao poder do amor e da gratidão – pense nas pessoas ou coisas que você se sente abençoado por possuir na vida.
2. Observe agora o líquido que transborda e o lago de águas turbilhonantes, doadoras de vida, que ele cria ao redor. Veja isso como um presente da abundância infinita e conscientize-se de que ela não tem limites. Saiba que sempre poderá encontrar ou realizar aquilo de que mais necessita.
3. Fixe o olhar no círculo externo de elos interligados. Se reconhecer que suas necessidades serão atendidas, os elos de confiança em você mesmo e na benevolência do universo serão fortalecidos.

CORES SUGERIDAS

TAÇA: **laranja** para encorajamento, atração, bondade, abundância.
FUNDO: **verde** para natureza, fertilidade, caridade, prosperidade, saúde.
CÍRCULO EXTERNO: **púrpura** para poder, piedade, santidade, sentimentalismo, com **amarelo** (simbolizando o ouro) para energia, riqueza, inteligência, longevidade.

"RETIRO MINHA SABEDORIA DO CALDEIRÃO QUE SEMPRE SE RENOVA. O SOPRO DAS NOVE MUSAS O MANTÉM EM FERVURA."
DE UM CONTO ARTURIANO GALÊS

PÁSSAROS INSPIRADORES

SEGUNDO A CRENÇA CELTA, OS PÁSSAROS SÃO MENSAGEIROS DOS DEUSES – CRIATURAS INSPIRADORAS QUE NOS ENCORAJAM A VIVER COM LIBERDADE, PLENITUDE E COMPAIXÃO.

1. Passe os olhos pelos pássaros entrelaçados no centro da mandala. Sinta sua força, acuidade e graça despertando essas mesmas qualidades em você.
2. Em seguida, observe os quatro pássaros enrodilhados na faixa externa da mandala. Sinta a energia vibrante dos pássaros e deixe seu espírito ganhar as alturas.
3. Agora, volte a atenção para as oito garças ao redor da borda da mandala. São símbolos celtas do amor duradouro. Deixe que sua mente se aquiete e absorva a sutil inteligência dessas aves, para introduzir a compaixão que as caracteriza em suas interações com os outros.

CORES SUGERIDAS

PÁSSAROS CENTRAIS: **azul** para tranquilidade, proteção, devoção, sinceridade; **branco** para pureza, concentração, meditação, paz.
PÁSSAROS MENORES: **azul** para tranquilidade, proteção, devoção, sinceridade.
FUNDO CENTRAL: **vermelho** para paixão, força, desejo, fertilidade.
FUNDO EXTERNO: **amarelo** para afeto, confiança, alegria, equilíbrio.

"NOSSA VERDADE INTERIOR É TÃO BRILHANTE QUANTO A ESPUMA LANÇADA POR UMA ONDA PODEROSA, QUANTO A CINTILAÇÃO DE UM CISNE AO LUAR, QUANTO A COR DA NEVE NA MONTANHA."
ADAPTADO DE UM ANTIGO TEXTO IRLANDÊS

TRÍPLICE ESPIRAL

A TRÍPLICE ESPIRAL REPRESENTA O CICLO SEM FIM DE NASCIMENTO, MORTE E RENASCIMENTO, MAS TAMBÉM A INTERCONEXÃO DA MENTE, CORPO E ESPÍRITO. CONCENTRAR-SE NESSE SÍMBOLO AJUDARÁ VOCÊ A FLUIR EM HARMONIA COM O RITMO DA VIDA.

1. Observe a tríplice espiral no centro da mandala e veja nela o ciclo infinito de vida dentro de você. A todo instante células nascem, fazem seu trabalho, morrem e são substituídas; do mesmo modo, pensamentos estão sempre surgindo e desaparecendo de sua mente.

2. Em seguida, volte a atenção para as tríplices espirais menores em volta do motivo principal. Imagine-as fluindo uma para dentro da outra, enquanto deixa sua mente, corpo e espírito fundirem-se em harmonia com elas.

3. Agora olhe para as bordas estreitas da mandala, que contêm e estabilizam a força das espirais dentro de um quadrado. Saiba que você pode retirar energia dessa base sólida — sobretudo em épocas de grandes mudanças.

CORES SUGERIDAS

TRÍPLICE ESPIRAL: **azul** para tranquilidade, proteção, devoção, sinceridade; **amarelo** para afeto, confiança, alegria; equilibre essas cores com delineamentos **verdes** para natureza, fertilidade, caridade, prosperidade, saúde.
PADRÃO EM ESPIRAL DE FUNDO: como acima.

"O PRÓPRIO UNIVERSO DEVE SER NOSSA IMORTALIDADE!"

OSCAR WILDE

(1854–1900)

CRUZ CELTA 1

A CRUZ CELTA REPRESENTA A UNIÃO DO CÉU E DA TERRA OU DO MASCULINO E DO FEMININO. ESTA MANDALA PODE, PORTANTO, AJUDÁ-LO A UNIFICAR FORÇAS OPOSTAS EM SUA VIDA E A VIVER MAIS HARMONIOSAMENTE.

1. Comece passando os olhos pela cruz. Considere os nós apertados dentro dela um símbolo dos laços fortemente entretecidos de sua vida, de suas interações com tudo e com todos à sua volta. Reflita sobre essas interações.
2. Em seguida, observe as curvas entrelaçadas no centro, onde os braços da cruz se encontram. Veja esses padrões soltos como representações da energia fluida que brota do centro tranquilo de seu ser — onde há espaço para que todos os elementos de sua vida coexistam pacificamente.
3. Agora encare a mandala como um todo. Sinta o equilíbrio entre a tradicional solidez masculina do quadrado externo e o poder feminino mais fluido dos círculos. Procure obter um equilíbrio parecido em sua abordagem de todos os problemas que encontrar na vida: uma combinação saudável de firmeza e ternura.

CORES SUGERIDAS

NÓS: **azul** para tranquilidade, proteção, devoção, sinceridade.
MOLDURA CIRCULAR e MOLDURA QUADRADA: **amarelo** para afeto, confiança, alegria, equilíbrio.
CURVAS CENTRAIS ENTRELAÇADAS: **azul** para tranquilidade, proteção, devoção, sinceridade;
com **laranja** no fundo para encorajamento, atração, afeto, abundância.
ESPAÇO EM BRANCO NO CÍRCULO: **preto** para força, sabedoria, visão, sucesso.
ESPAÇO EM BRANCO NO QUADRADO: **vermelho** para paixão, força, desejo, fertilidade.

"SEI QUE MEU DEUS CRIA OS PROFETAS MAIS SÁBIOS. CONHEÇO A ÁRVORE DA POESIA.
CONHEÇO O PODER DIVINO."
ADAPTADO DE *O COLÓQUIO DOS DOIS SÁBIOS*

SALMÃO DA SABEDORIA 1

PARA OS CELTAS, O SALMÃO SIMBOLIZAVA UMA GRANDE SABEDORIA: SUA ÁRDUA JORNADA ANUAL DE VOLTA AO LUGAR DE NASCIMENTO REPRESENTA A CAPACIDADE PARA SUPERAR OBSTÁCULOS POR MEIO DA DETERMINAÇÃO E DA INTELIGÊNCIA.

1. Passe o olhar pela mandala inteira. Deixe que sua mente flua como água, refletindo sobre as semelhanças entre a vida e uma jornada cheia de desafios ao longo do caminho.
2. Observe os salmões entrelaçados no centro da mandala. Repare em suas caudas, que se entrelaçam uma na outra, e pense que você pode amparar e ser amparado pelas pessoas à sua volta – família, amigos e colegas.
3. Examine o anel de nós em redor dos salmões e imagine-os usando a força concentrada dos peixes para romper essa barreira. Saiba que você também pode recorrer à sua força interior nas horas difíceis.
4. Reflita sobre a alegria e a determinação do peixe que salta ao redor do anel de nós. Procure trazer essas qualidades positivas para sua própria vida.

CORES SUGERIDAS

PADRÕES CIRCULARES DE NÓS: **verde** para natureza, fertilidade, caridade, prosperidade, saúde.
SALMÃO (colora cada escama separadamente para formar um padrão): **laranja** para encorajamento, atração, ternura, abundância; **amarelo** para afeto, confiança, alegria, equilíbrio; **verde** para natureza, fertilidade, caridade, prosperidade, saúde; **azul** para tranquilidade, proteção, devoção, sinceridade.

"A COMPREENSÃO É A LUZ DA HUMANIDADE."
TEXTO GALÊS MEDIEVAL

NÓ SEM FIM COM CRUZ

MUITO CONHECIDO COMO SÍMBOLO CELTA, MAS COM PARALELOS NAS TRADIÇÕES HINDU, BUDISTA E CHINESA, O NÓ SEM FIM REPRESENTA O INFINITO, O FLUXO INTERMINÁVEL DO TEMPO E DO MOVIMENTO, E A JORNADA DO PEREGRINO.

1. Passeie os olhos pelo nó infinito nesta mandala – o fio elaboradamente entrelaçado que não tem começo. Veja-o como um estado que transcende o mundo material. Trace visualmente o fio para constatar que, de fato, ele não tem fim.
2. Fixe o olhar na cruz central dentro do círculo – símbolo do físico (cruz) fundido com o espiritual (círculo).
3. Faça agora com que essas duas imagens – a cruz dentro do círculo e o nó sem fim – penetrem em sua mente como uma expressão única da verdade eterna da existência: toda existência está ligada ao tempo, mas em última análise permanece, atemporal, no seio do espírito divino ou eterno. Durante a meditação, relaxe na consciência dessa atemporalidade.

CORES SUGERIDAS

NÓ GRANDE: **verde** para natureza, fertilidade, caridade, prosperidade, saúde.
NÓS CIRCULARES RETORCIDOS: **vermelho** para paixão, força, desejo.
CRUZ: **azul** para tranquilidade, proteção, devoção, sinceridade.

"O HOMEM É VELHO QUANDO NASCE, JOVEM QUANDO ENVELHECE."
TALIESIN

(534–599 d.C.)

TRÍSCELES 1

COM SUAS TRÊS ESPIRAIS LIGADAS, O TRÍSCELE É TIPICAMENTE CELTA.
DENOTA O SOL, A OUTRA VIDA E A REENCARNAÇÃO.
ESTA MEDITAÇÃO DE MANDALA PODE TAMBÉM GERAR
ENERGIAS BENÉFICAS SE A MULHER ESTIVER GRÁVIDA.

1. Trace mentalmente a linha contínua da tríplice espiral. Esta, como o nó sem fim (ver p. 30), sugere a perpétua repetição dos ciclos da vida – a força vital que se manifesta incansavelmente e a eternidade que está implícita nessa perspectiva.
2. Veja agora essa forma vital emoldurada pelo contexto do espírito eterno – tal qual reproduzido no círculo externo perfeito da mandala.
3. Mentalize esse equilíbrio perfeito do ser e do devir, do vazio eterno e da criação vibrante, permitindo que essas harmonias se irradiem de sua mente para seu sistema nervoso e sua corrente sanguínea. Você é sempre criativo, mesmo quando repousa na serenidade do espírito.

CORES SUGERIDAS

NÓ: **verde** para natureza, fertilidade, caridade, prosperidade, saúde.
TRÍSCELES: **vermelho** para paixão, força, desejo; **laranja** para encorajamento, atração, bondade, abundância; **amarelo** para afeto, confiança, alegria, equilíbrio; **verde** para natureza, fertilidade, caridade, prosperidade, saúde; **azul** para tranquilidade, proteção, devoção, sinceridade.

"SÊ GLORIOSO, SOL, SEMBLANTE DO DEUS DOS ELEMENTOS."
DITO TRADICIONAL; COMPILADO POR ALEXANDER CARMICHAEL
(1832–1912)

ANIMAIS SAGRADOS

A ARTE CELTA MOSTRAVA CRIATURAS HÍBRIDAS QUE COMBINAVAM E INTENSIFICAVAM AS QUALIDADES ADMIRADAS DE DOIS OU MAIS ANIMAIS REAIS. ESTA MANDALA PODE AJUDAR VOCÊ A DESENVOLVER ESSAS ENERGIAS POSITIVAS EM SEU ÍNTIMO.

1. Contemple a mandala como um todo. Mantendo o olhar bem relaxado, deixe que sua mente percorra os desenhos multicoloridos. Imagine que cada parte do padrão represente um aspecto importante de seu ser – algo especial, que o torna único.
2. Agora observe as criaturas fortes e cheias de vida no círculo interno. Siga-as com o olhar enquanto elas se perseguem numa dança eterna e emitem, ao movimentar-se, uma energia intensa e inspiradora.
3. Procure captar as qualidades que esses animais híbridos possam simbolizar – como a coragem dos leões, a graça dos gatos e a inteligência dos lobos. Descubra qual dessas qualidades você gostaria de incorporar à sua vida e procure desenvolvê-las por meio de suas palavras, decisões e ações diárias.

CORES SUGERIDAS

TRÊS ANIMAIS: **verde** para natureza, fertilidade, caridade, prosperidade, saúde; **azul** para tranquilidade, proteção, devoção, sinceridade; **laranja** para encorajamento, atração, bondade, abundância.

NÓS (no alto, à esquerda): **azul** para tranquilidade, proteção, devoção, sinceridade.

NÓS (no alto, à direita): **laranja** para encorajamento, atração, bondade, abundância.

NÓS (embaixo, à esquerda): **vermelho** para paixão, força, desejo.

NÓS (embaixo, à direita): **verde** para natureza, fertilidade, caridade, prosperidade, saúde.

"A GENEROSIDADE É A CHAVE PARA AS MARAVILHAS."
DE *O LIVRO AMARELO DE LECAN*

A BELEZA DAS FLORES

OS CELTAS RECONHECIAM E VALORIZAVAM MUITO A BELEZA E
O PODER DAS PLANTAS E FLORES. COM ESSA MANDALA,
VOCÊ TAMBÉM APRENDERÁ A APRECIAR A ABUNDÂNCIA
DA NATUREZA EM TODA A SUA GLÓRIA.

1. Pouse o olhar nas raízes entrelaçadas no centro da mandala – fortes e geradoras de energia, mas ainda assim ocultas como na vida. Trace um paralelo entre elas e sua própria força vital invisível, que está constantemente fluindo por seu corpo e nutrindo cada uma de suas células.
2. Passe o olhar pelos círculos de flores entrelaçadas. Note que elas apresentam diversas formas e tamanhos, mas todas são igualmente belas e vivem em harmonia, cada qual complementando a exuberância da outra.
3. Contemple, sem esforço, a mandala inteira. Sinta a abundância fértil da natureza, seu esplendor e complexidade. Relaxe e abra seu espírito para a beleza, como as pétalas de uma flor acariciadas pela luz do sol.

CORES SUGERIDAS

NÓS: **vermelho** para paixão, força, desejo.
BROTOS e FOLHAS: **verde** para natureza, fertilidade, caridade, prosperidade, saúde.
FLORES: **rosa** para unidade, honra, verdade, romance, felicidade.
BAGAS: **púrpura** para piedade, santidade, sentimento.

"A HOSPITALIDADE MANTÉM AS FLORES VIVAS."
ADAPTADO DE *O COLÓQUIO DOS DOIS SÁBIOS*

NÓ SEM FIM

O COMPLICADO ENTRELAÇAMENTO DO NÓ SEM FIM CELTA É UM SÍMBOLO DO UNIVERSO E DO INFINITO – UMA TEIA ETERNA DENTRO DA QUAL TODAS AS COISAS SE INTERLIGAM.

1. Passe os olhos pelos fios entrelaçados, sentindo o ritmo e o encanto do padrão que se repete ao infinito. Perceba como ele representa o universo em sua totalidade e a complexidade da vida.
2. Preste atenção a cada ponto do nó e trace um caminho sinuoso pelo desenho, por cima e por baixo das linhas quando necessário. Siga esse caminho até voltar ao ponto de partida.
3. Pense que sua própria vida, como essa mandala, é um belo tecido de situações e acontecimentos sempre em evolução. Saiba que qualquer de seus atos, por insignificante que seja, acrescenta alguma coisa à intricada tapeçaria de sua vida. Cada momento de sua vida tem um significado especial no esquema mais amplo das coisas.

CORES SUGERIDAS

NÓS: **verde** para natureza, fertilidade, caridade, prosperidade, saúde; **azul** para tranquilidade, proteção, devoção, sinceridade; **púrpura** para piedade, santidade, sentimento.
ESPAÇOS EM BRANCO: **amarelo** para afeto, confiança, alegria, equilíbrio.

"O QUE É ENTÃO O TEMPO? SE NINGUÉM ME PERGUNTA, SEI O QUE ELE É; SE QUERO EXPLICÁ-LO, NÃO SEI."
SANTO AGOSTINHO
(354–430 d.C.)

CRUZ CELTA 2

A CRUZ CELTA COMBINA DOIS PODEROSOS SÍMBOLOS: O CÍRCULO, QUE SUGERE INFINITO OU ETERNIDADE, E A CRUZ, QUE REPRESENTA O MUNDO DAS FORMAS FÍSICAS. A IMAGEM PODE SER INTERPRETADA TAMBÉM COMO UM TALISMÃ DE CRIATIVIDADE.

1. Observe as duas formas básicas dentro da mandala: em essência, o círculo sugere o princípio feminino; a cruz, o princípio masculino. A união de ambos é a criação.
2. Passe agora para um nível superior de simbolismo, vendo o círculo como eternidade e a cruz, como mundo criado. Os braços da cruz representam os pontos da bússola e os quatro elementos.
3. Identifique o quinto elemento, espírito, com o círculo, que é também o ciclo da vida e a jornada sem fim do conhecimento, tudo fundido numa harmonia cósmica abrangente. Deixe que essa harmonia penetre sua mente como água enchendo um poço.

CORES SUGERIDAS

BRAÇO VERTICAL DA CRUZ: **laranja** para encorajamento, atração, bondade, abundância.
BRAÇO HORIZONTAL DA CRUZ: **azul** para tranquilidade, proteção, devoção, sinceridade.
PADRÃO ESPIRALADO CENTRAL: **verde** para natureza, fertilidade, caridade, prosperidade, saúde; **marrom** para terra, enraizamento, talento, telepatia, lar; **azul** para tranquilidade, proteção, devoção, sinceridade.
NÓ CIRCULAR EXTERIOR: **vermelho** para paixão, força, desejo.
ESPAÇOS EM BRANCO: **amarelo** (simbolizando o ouro) para energia, riqueza, inteligência, longevidade.

"SE VOCÊ QUER CONHECER O CRIADOR, PROCURE CONHECER A CRIAÇÃO."
SÃO COLUMBANO

(c. 543-615 d.C.)

ESPIRAIS

OS CELTAS E OUTROS POVOS ANTIGOS USAVAM, SEGUNDO SE PENSA, ESPIRAIS COMO SÍMBOLOS DO SOL, FONTE DE TODA A VIDA. ESTA MANDALA REFLETE A ENERGIA DURADOURA DO UNIVERSO – BEM COMO O PROGRESSO DA ALMA.

1. Primeiro, veja as espirais da mandala como a dança da energia solar divina, que nutre todas as formas de vida e todas as coisas que existem.
2. Agora pense nas espirais centrais como sua jornada para a iluminação. Avance rumo ao centro imóvel no âmago do eu, lentamente, mas sem se deter. A harmonia dessa mandala brota de nossa bondade essencial, que nos leva a buscar e encontrar a verdade.
3. Mentalmente, junte esses dois significados – o cósmico e o pessoal. Perceba as duas faixas espiraladas de cor se fundindo em uma só imagem, que representa o progresso da natureza e o progresso da alma, o fluxo do cosmos e o fluxo da compreensão, a criação e a dissolução do mundo e o eu dentro do mundo.

CORES SUGERIDAS

ESPIRAIS CENTRAIS PRINCIPAIS (use duas faixas de cores alternadas): **laranja** para encorajamento, atração, bondade, abundância; **azul** para tranquilidade, proteção, devoção, sinceridade.
TRÍSCELES NOS CANTOS: **vermelho** para paixão, força, desejo, fertilidade; **amarelo** para afeto, confiança, alegria, equilíbrio.

"A MENTE HUMANA SEMPRE FAZ PROGRESSOS, MAS SÃO PROGRESSOS EM ESPIRAL."
MADAME DE STAËL

(1766–1817)

TRÍSCELES 2

NA TRADIÇÃO CELTA, O TRÍSCELE, COMPOSTO DE TRÊS PERNAS QUE SE ENCURVAM A PARTIR DE UM PONTO CENTRAL, EXPRIME O ETERNO MOVIMENTO PARA A FRENTE. ABSORVA SUA ENERGIA PARA SE DESLOCAR TRANQUILAMENTE NAS HORAS DE DESAFIO E MUDANÇA.

1. Atente bem para o grande tríscele que domina esta mandala. Siga cada uma das curvas que se irradiam do centro, como molas que se desenrolam. Permita que elas despertem sua energia adormecida.
2. Agora observe os nós de três pontas em volta do emaranhado central, cada qual girando em sua própria órbita. Sinta a energia desses nós sendo liberada aos poucos, como células que se dividem. Imagine um impulso similar ocorrendo dentro de você mesmo, dando-lhe forças para aceitar a mudança e vencer obstáculos.
3. Passe o olhar pelos anéis externos da mandala, sentindo o equilíbrio dinâmico entre a fluidez da energia dos trísceles e a solidez do nó tradicional. Conscientize-se de que encontrará o mesmo equilíbrio entre impulso e segurança dentro de você mesmo quando se abrir para a mudança em sua vida.

CORES SUGERIDAS

TRÍSCELE GRANDE: **vermelho** para paixão, força, desejo, fertilidade.
ESPIRAIS CENTRAIS (use duas faixas de cores alternadas): **laranja** para encorajamento, atração, bondade, abundância; **azul** para tranquilidade, proteção, devoção, sinceridade.
DESENHO DE NÓS DE TRÊS PONTAS: **laranja** para encorajamento, atração, bondade, abundância.
ESPAÇOS EM BRANCO: **amarelo** (simbolizando o ouro) para energia, riqueza, inteligência, longevidade.

"EIS OS TRÊS FUNDAMENTOS DO CONHECIMENTO BÁRDICO: CANÇÃO,
SEGREDOS BÁRDICOS E SABEDORIA INTERIOR."
TRÍADE CELTA

O LABIRINTO DO PEREGRINO

O LABIRINTO ERA OUTRORA UM SÍMBOLO DE CONFUSÃO MORAL, MAS NA IDADE MÉDIA OS CRISTÃOS PASSARAM A VÊ-LO COMO O VERDADEIRO CAMINHO DA CRENÇA. ESTA MANDALA SE BASEIA NO LABIRINTO EXISTENTE NO PISO DA CATEDRAL DE CHARTRES, FRANÇA.

1. Siga o labirinto desde a entrada (embaixo) até o ornato floral no centro. Você não se perderá porque o labirinto é ininterrupto, ou seja, não tem ligação. Entretanto, se esquecer onde está, volte ao ponto de partida e recomece.
2. Ao se aproximar do centro, imagine que está mergulhando cada vez mais fundo no eu. O labirinto é sua encarnação física, a vida que você leva na Terra, e ao mesmo tempo a série de desafios que enfrenta ao seguir seu destino espiritual.
3. Chegando ao centro, imagine-o como um túnel que se aprofunda na página. Entre nesse túnel. Para muitos, o labirinto continua, mas para você o caminho agora é reto — desde que permaneça fiel à pureza de seu coração, conquistada pela peregrinação.

CORES SUGERIDAS

TRAJETO DO LABIRINTO e PISO: **marrom** para terra, enraizamento, talento, telepatia, lar; **amarelo** para afeto, confiança, alegria, equilíbrio.
VITRAIS: **verde** para natureza, fertilidade, caridade, prosperidade, saúde; **amarelo** para afeto, confiança, alegria, equilíbrio; **vermelho** para paixão, força, desejo.

"AH, COMO ANSEIO POR VOLTAR E RETOMAR A VEREDA ANTIGA!"
HENRY VAUGHAN

(1621–1695)

NINHO DO PÁSSARO

AS MANDALAS BASEADAS INTEIRAMENTE NA NATUREZA POSSUEM DIMENSÃO UNIVERSAL, LIVRE DE SIMBOLISMO CULTURAL ESPECÍFICO.
AQUI, O PONTO DE PARTIDA É A ORIGEM DA VIDA EXPRESSA DA MANEIRA MAIS SIMPLES POSSÍVEL: O OVO.

1. Observe os elementos da mandala e imagine-se olhando de cima para um ninho de pássaro, com três ovos, bem no centro da copa de uma árvore frondosa e outros quatro em volta, mais embaixo.
2. Concentre-se nos três ovos, primeiro unicamente em sua forma e cor. Depois, perca-se no emaranhado de ramos do ninho.
3. Agora imagine a cena como uma situação real, tridimensional. Note que você está bem acima do chão onde a árvore cresce. Imagine cantos de pássaros por todo lado.
4. Por fim, concentre-se nas vidas individuais que palpitam dentro dos três ovos – a maravilha da herança genética, o milagre da engenhosidade da natureza.

CORES SUGERIDAS

OVOS: **azul** para tranquilidade, proteção, devoção, sinceridade.
NINHOS: **marrom** para terra, enraizamento, talento, telepatia, lar.
FOLHAS: **verde** para natureza, fertilidade, caridade, prosperidade, saúde.
BAGAS GRANDES: **laranja** para encorajamento, atração, bondade, abundância.
BAGAS PEQUENAS: **vermelho** para paixão, força, desejo.
PÁSSAROS: **amarelo** para afeto, confiança, alegria, equilíbrio; **vermelho** para paixão, força, desejo.

"GOSTO DE MEU JARDIM MAIS POR ESTAR CHEIO DE MELROS DO QUE DE CEREJAS E, HONESTAMENTE, DE DAR-LHES FRUTAS SÓ PARA QUE CANTEM."

JOSEPH ADDISON

(1672–1719)

HOMEM VERDE

ANTIGO SÍMBOLO PAGÃO, O HOMEM VERDE TAMBÉM APARECE EM BAIXOS-RELEVOS DE IGREJAS MEDIEVAIS – UMA REMINISCÊNCIA DE CRENÇAS MAIS PRIMITIVAS. ELE SIMBOLIZA O CICLO DE VIDA, MORTE E RENASCIMENTO, BEM COMO A SEIVA VERDE DA FORÇA VITAL.

1. Observe o rosto camuflado entre a folhagem. Agora olhe bem de perto e note que as folhas se projetam da boca e da carne do homem – ele é uma encarnação da natureza e não apenas um espectador.
2. Reconheça que, de muitas maneiras, nós também somos encarnações da natureza, a qual, por sua vez, participa do espírito no sentido de que a beleza natural não existiria se não fosse por nossa própria percepção da harmonia divina que reina até no deserto e nas matas, longe da humanidade.
3. Absorva a mandala em sua mente como uma imagem da unidade do cosmos e de nosso parentesco com os animais, as árvores e as flores.

CORES SUGERIDAS

ROSTO e FOLHAGEM: **verde** para natureza, fertilidade, caridade, prosperidade, saúde.
GALHOS DE BOLOTAS: **marrom** para terra, enraizamento, talento, telepatia, lar.
ESPAÇOS EM BRANCO: **amarelo** para afeto, confiança, alegria, equilíbrio.

"MEU DEUS ME PROTEGE – ESCREVO BEM NA FLORESTA."
ADAPTADO DE "UM ESCRIBA NOS BOSQUES"
(c. SÉCULO IX)

SALMÃO DA SABEDORIA 2

DEVIDO À SUA IMPRESSIONANTE CAPACIDADE PARA CRUZAR OCEANOS E ENCONTRAR O CAMINHO ATÉ OS LOCAIS DE DESOVA, O SALMÃO ERA ASSOCIADO, PELOS CELTAS, À PROFECIA. MEDITE SOBRE O SALMÃO A FIM DE SE APROXIMAR MAIS DE SUA SABEDORIA INTUITIVA.

1. Você está sobre o galho de uma árvore, olhando para baixo. Dois salmões nadam em círculos numa lagoa redonda. Você pode ver também as folhas das árvores em redor, bem como o ambiente decorativo em volta da lagoa. Minúsculas avelãs flutuam à superfície: elas são, igualmente, símbolos de visão profética.

2. Pense nos salmões como um símbolo yin-yang vivo: um macho, o outro fêmea. Reconheça os lados masculino e feminino dentro de você mesmo, pois juntos eles lhe concedem o dom da lucidez.

3. Procure captar a totalidade da imagem. Sinta as profundezas de sua intuição. A razão só consegue contar os peixes e as avelãs, além de decorar as bordas da lagoa; a intuição pode mergulhar fundo nessas águas, onde o amor e a verdade se encontram.

CORES SUGERIDAS

SALMÃO: **cinza** (simbolizando a prata) para tesouro, valores, criatividade, inspiração; **rosa** para unidade, honra, verdade, romance, felicidade.
AVELÃS e SEIXOS: **marrom** para terra, enraizamento, talento, telepatia, lar.
ÁGUA: **azul** para tranquilidade, proteção, devoção, sinceridade.
FOLHAGEM: **verde** para natureza, fertilidade, caridade, prosperidade, saúde.

"EU ERA UM SALMÃO AZUL NA SEGUNDA VEZ QUE FUI CRIADO."
TALIESIN
(c. 534–599 d.C.)

HARMONIA DA NATUREZA

CÍRCULOS CONCÊNTRICOS EMPRESTAM PUREZA ESPIRITUAL A ESSA MANDALA, BASEADA NA ORDEM DO COSMOS COM SUAS BELAS FORMAS DA VIDA E DA TERRA. A MOLDURA DO CÍRCULO EXTERNO ENFATIZA A DIMENSÃO ESPIRITUAL.

1. Olhe para o céu com seus astros, nos cantos da mandala. Depois, passe para a moldura externa com motivos de lótus. Você se encontra então, simbolicamente, na esfera das montanhas e das nuvens.
2. Atravesse o próximo círculo para o celeiro da natureza, onde árvores, plantas, pássaros e insetos se multiplicam. Esse é o Éden, o paraíso natural.
3. Finalmente, entre no centro místico, que se inspira na natureza para expressar sua criatividade divina. Imagine o círculo central como o corte transversal de um eixo de luz que penetra em seu eu mais profundo a fim de despertar o espírito.

CORES SUGERIDAS

ÁRVORES, FOLHAS, BROTOS e PÁSSAROS: **verde** para natureza, fertilidade, caridade, prosperidade, saúde.
FLORES e BAGAS: **rosa** para unidade, honra, verdade, romance, felicidade.
CÍRCULO CENTRAL: **amarelo** para afeto, confiança, alegria, equilíbrio.
NUVENS: **branco** para pureza, concentração, meditação, paz.
MONTANHAS: **marrom** para terra, enraizamento, talento, telepatia, lar.

"NUNCA SE ESQUEÇA DE QUE A TERRA GOSTA DE SENTIR SEUS PÉS NUS E
DE QUE O VENTO GOSTA DE BRINCAR COM SEUS CABELOS."
KAHLIL GIBRAN

(1883–1931)

NÓ DO DRAGÃO

O DRAGÃO QUE VOMITA FOGO É AMEDRONTADOR E PODEROSO. MAS, NESTA MANDALA, SEU PODER É DERRAMADO SOBRE O NÓ SEM FIM DA PERFEIÇÃO ESPIRITUAL. TERRA E ESPÍRITO SE MISTURAM EM HARMONIA CÓSMICA.

1. Observe as chamas que saem das quatro cabeças de dragão em cima e embaixo da mandala. É a energia física da natureza, que pode se transformar em energia espiritual. O fogo é uma forma de círculo – sua característica espiritual é não ter fim.
2. Agora pouse o olhar nos corpos dos dragões transformados pelo espírito num nó sem fim de perfeição eterna. A matéria se converte em espírito, que a purifica e a envolve numa harmonia cósmica abrangente – dando vida à "perola de valor inestimável" no centro da mandala.
3. Instale a mandala no centro de sua percepção e faça com que os opostos matéria e espírito se misturem a fim de manifestar a totalidade que constitui nossa natureza essencial.

CORES SUGERIDAS

NÓ DE DRAGÕES: **vermelho** para paixão, força, desejo.
OLHOS: **verde** para natureza, fertilidade, caridade, prosperidade, saúde; **branco** para pureza, concentração, meditação, paz.
CHAMAS: **laranja** para encorajamento, atração, abundância.
PÉROLA CENTRAL: **branco** para pureza, concentração, meditação, paz.
BOLOTAS: **marrom** para terra, enraizamento, talento, romance, felicidade.
FOLHAS: **verde** para natureza, fertilidade, caridade, prosperidade, saúde.

"TODA TRIBULAÇÃO DEVIDAMENTE ENFRENTADA E SUPERADA TORNA A ALMA
MAIS NOBRE E MAIS FORTE DO QUE ANTES."
W. B. YEATS

(1865–1939)

O SANTO GRAAL

PARA UM CAVALEIRO ARTURIANO, O SANTO GRAAL SIGNIFICAVA AUTOCONHECIMENTO, REDENÇÃO, IMORTALIDADE. AQUI, O GRAAL ESTÁ NO CENTRO NA TÁVOLA REDONDA, RODEADO PELOS ELMOS DO REI E DE SEIS DE SEUS CAVALEIROS.

1. Observe, na parte inferior da mandala, a espada fincada na pedra, que só o futuro rei conseguirá arrancar. A verdadeira meditação tira a espada da pedra, pois então o mundo físico fica subordinado ao espiritual.
2. Reconheça que o rei, na cabeceira da mesa, é um símbolo de você mesmo. Os cavaleiros que o rodeiam são suas qualidades pessoais. Sinta-se interiormente protegido por armaduras e escudos mágicos. Dê nome a cada um.
3. Por fim, aproxime-se do Graal com a certeza de que merece essa honra. Ele está vazio e ao mesmo tempo cheio de amor. Imagine-se empunhando-o e sentindo seu poder transformador.
4. Contemple os quatro castelos – que representam a força interior da vida bem vivida e a solidez do espírito em face da mudança ou do desafio.

CORES SUGERIDAS

GRAAL, ELMOS, NÓS, CASTELOS e ESPADA: **cinza** (simbolizando a prata) para tesouro, valores, criatividade, inspiração.
CÍRCULO DE ESCUDOS: **marrom** para terra, enraizamento, talento, telepatia, lar.
Opção: colora cada escudo intuitivamente ou siga o simbolismo tradicional.
NÓS: **azul** para tranquilidade, proteção, devoção, sinceridade.

"ELE ENXUGARÁ CADA LÁGRIMA DE TEUS OLHOS, NÃO HAVERÁ MAIS MORTE, LUTO, PRANTO OU DOR, POIS A ANTIGA ORDEM DE COISAS TERÁ PASSADO."
APOCALIPSE, 21:4

O CLIMA DA TERRA

O CLIMA É UM SÍMBOLO DE MUDANÇA INCESSANTE.
ELE NOS DÁ UMA LIÇÃO DE ACEITAÇÃO: SE ACHARMOS
DIFÍCIL ACEITÁ-LO INDEPENDENTEMENTE DOS PLANOS QUE FIZEMOS,
NOSSA JORNADA ESPIRITUAL SERÁ LONGA.

1. Contemple os sóis, mostrados nos cantos da mandala. O sol está sempre presente, espalhando energia vital mesmo quando encoberto pelas nuvens. Do mesmo modo, nossa identidade e nosso espírito não se alteram com as mudanças da fortuna.
2. Concentre-se agora nas imagens de nuvens, chuva, arco-íris, neve e mares agitados. Todos esses fenômenos atmosféricos integram um sistema global vasto e autorregulador que a mandala, como um todo, simboliza.
3. Por fim, fixe o ponto central da mandala – a fonte imóvel dos fluxos inesgotáveis de energia que geram os climas e as mudanças no cosmos. Essa é a energia da qual somos feitos. Absorva a mandala nas profundezas de sua mente, onde a energia tem seu centro imóvel.

CORES SUGERIDAS

SÓIS: **amarelo** para afeto, confiança, alegria, equilíbrio; **laranja** para encorajamento, atração, bondade, abundância.
MARES AGITADOS: **azul** para tranquilidade, proteção, devoção, sinceridade.
CHUVA: **cinza** para neutralidade, interrupção, equilíbrio.
MONTANHAS: **verde** para natureza, fertilidade, caridade, prosperidade, saúde.
NUVENS: **branco** para pureza, concentração, meditação, paz.
ARCO-ÍRIS: **cores do arco-íris** para afeto, crescimento, energia.

"A COMPREENSÃO É A LUZ DA HUMANIDADE."
ADAPTADO DE UM MANUSCRITO GALÊS MEDIEVAL

ARCOS DOS CÉUS

A CÚPULA DE UM TEMPLO OU IGREJA LEMBRA UMA MANDALA QUANDO VISTA DE BAIXO – UM PADRÃO CONSTITUÍDO PELOS ARCOS DAS JANELAS E SUPORTES ENTRECRUZADOS DO TETO. A VISÃO RESULTANTE REMETE, É CLARO, AOS CÉUS.

1. Procure captar o traço principal da mandala – a visão, a partir de baixo, de uma cúpula intricadamente elaborada. Sua geometria tridimensional é complexa, mas não tente decifrar cada elemento estrutural ou decorativo: apenas absorva a arquitetura básica e os quatro motivos florais da ornamentação.
2. Imagine a luz do sol atravessando as janelas da cúpula e dando-lhe vida, da mesma forma que a concede aos seres vivos.
3. Pense na imagem como um padrão novamente bidimensional e absorva-o nas profundezas da mente – você está agora contemplando os céus e a luz da divindade que sustenta a vida. Você está sereno ao orar, embora ore sem pedir nada.

CORES SUGERIDAS

FLOR CENTRAL e SEÇÕES CURVAS DE JANELA: **azul** para tranquilidade, proteção, devoção, sinceridade.
QUATRO MOTIVOS FLORAIS: **verde** para natureza, fertilidade, caridade, prosperidade, saúde.
ESPAÇOS EXTERNOS CURVOS EM BRANCO: **amarelo** (simbolizando o ouro) para energia, riqueza, inteligência, longevidade.

"O VERDADEIRO CULTO CONSISTE EM UNIR O ESPÍRITO QUE ESTÁ EMBAIXO
COM O ESPÍRITO QUE ESTÁ EM CIMA."
PROVÉRBIO CELTA

(SÉCULO II A.C. – SÉCULO I D.C.)

SOPRO DE FOGO DO DRAGÃO

O DRAGÃO É O PARADOXO DO SER – LUZ E SOMBRA,
CRIAÇÃO E DESTRUIÇÃO, MACHO E FÊMEA,
MAS TAMBÉM FORÇA UNIFICADORA DOS OPOSTOS.
SEU FOGO É A ENERGIA PRIMORDIAL DO MUNDO FÍSICO.

1. Observe o dragão de sete cabeças da mandala e imagine seu poder esmagador, invencível. Acompanhe esse poder no anel de chamas. Nada de mais assombroso se pode imaginar em todo o universo.
2. As sete cabeças simbolizam o número místico do cosmos. São a soma do número da divindade (três) e do número da humanidade (quatro).
3. Por fim, observe o nó dos pescoços dos dragões, no centro da mandala. É ali que todas as contradições se resolvem. Veja esse nó como o ciclo eterno do ser, infinitamente dinâmico em sua irrupção de poder ilimitado.

CORES SUGERIDAS

DRAGÕES: **verde** para natureza, fertilidade, caridade, prosperidade, saúde.
CHAMAS: **laranja** para encorajamento, atração, abundância; **vermelho** para paixão, força, desejo.
CÍRCULOS DE ROCHAS: **cinza** para neutralidade, interrupção, equilíbrio.
FUNDO NO INTERIOR DO CÍRCULO: **azul** para tranquilidade, proteção, devoção, sinceridade.

"COMO UMA SERPENTE MANCHADA E DE CRISTA, CEM ALMAS PECADORAS SÃO PUNIDAS EM SUA CARNE."
TALIESIN
(c. 534–599 d.C.)

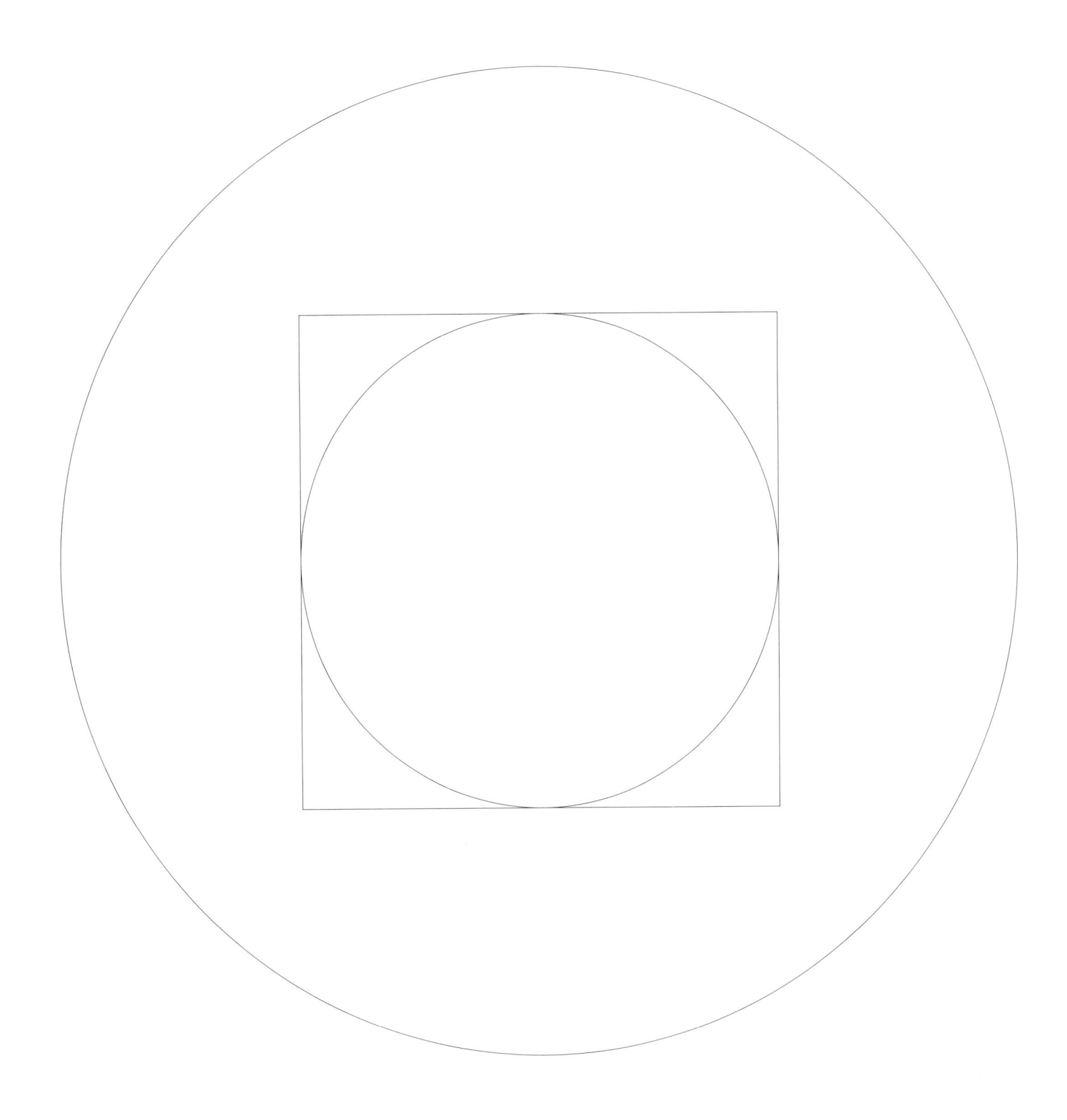

60

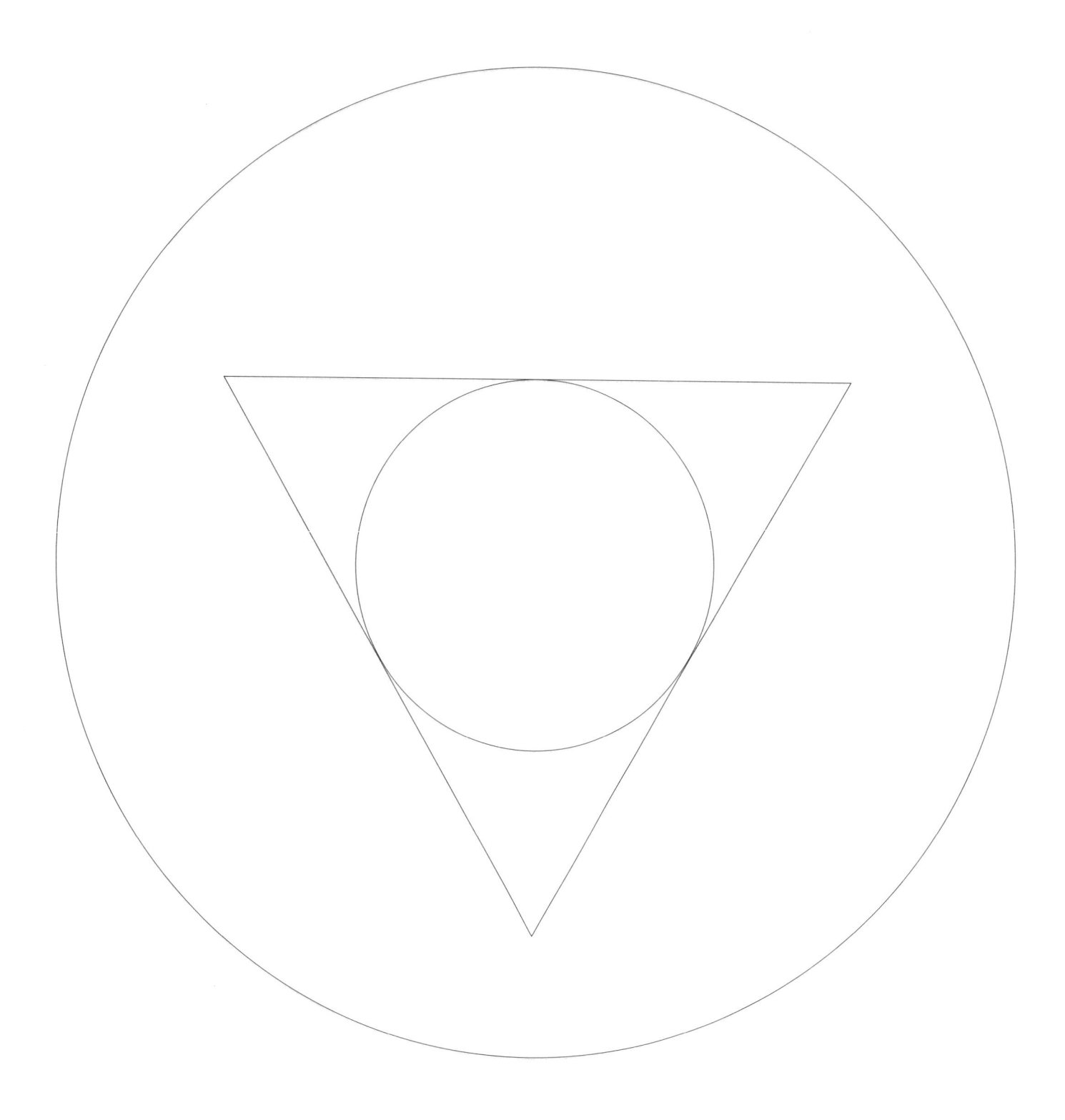

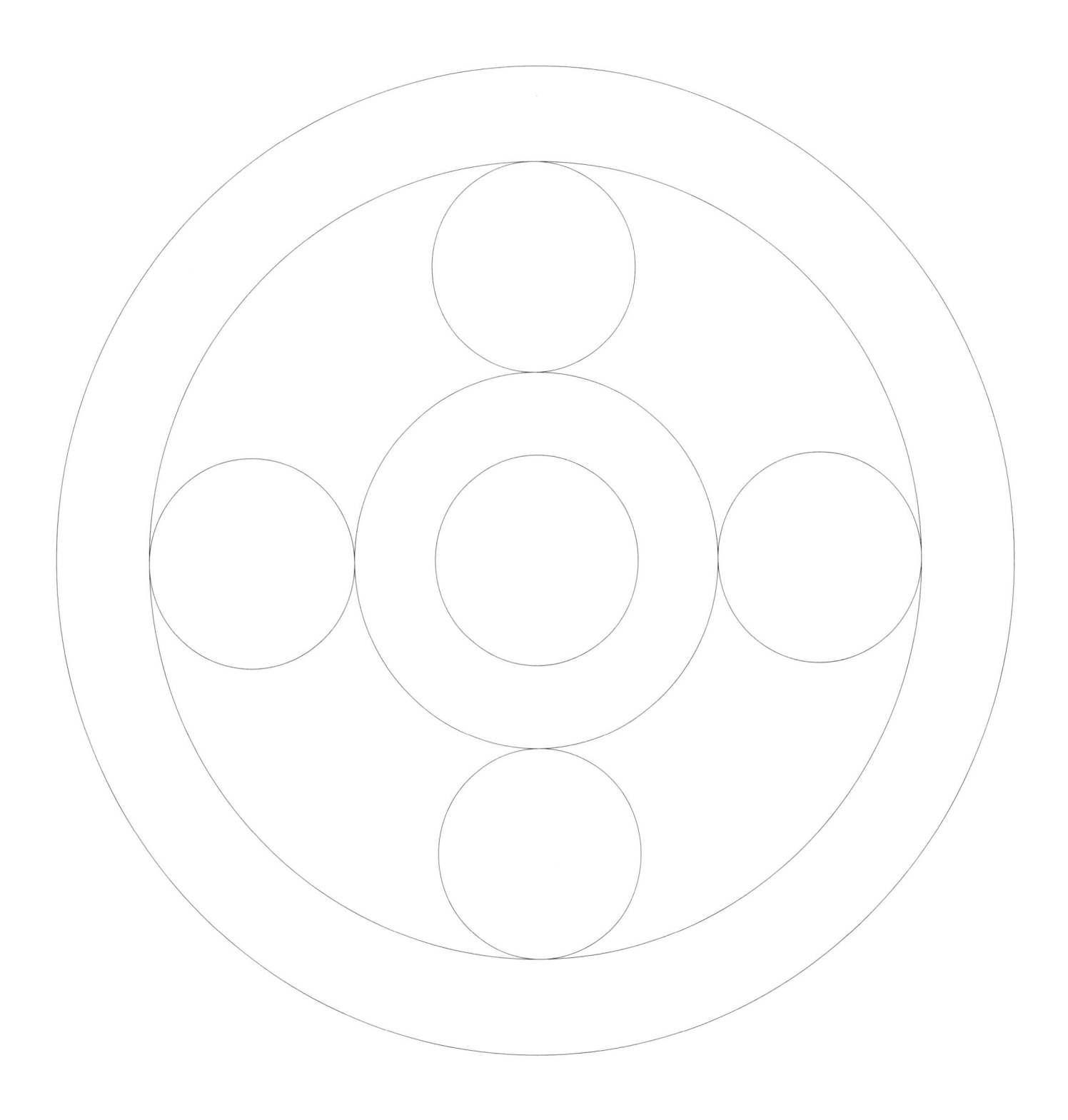

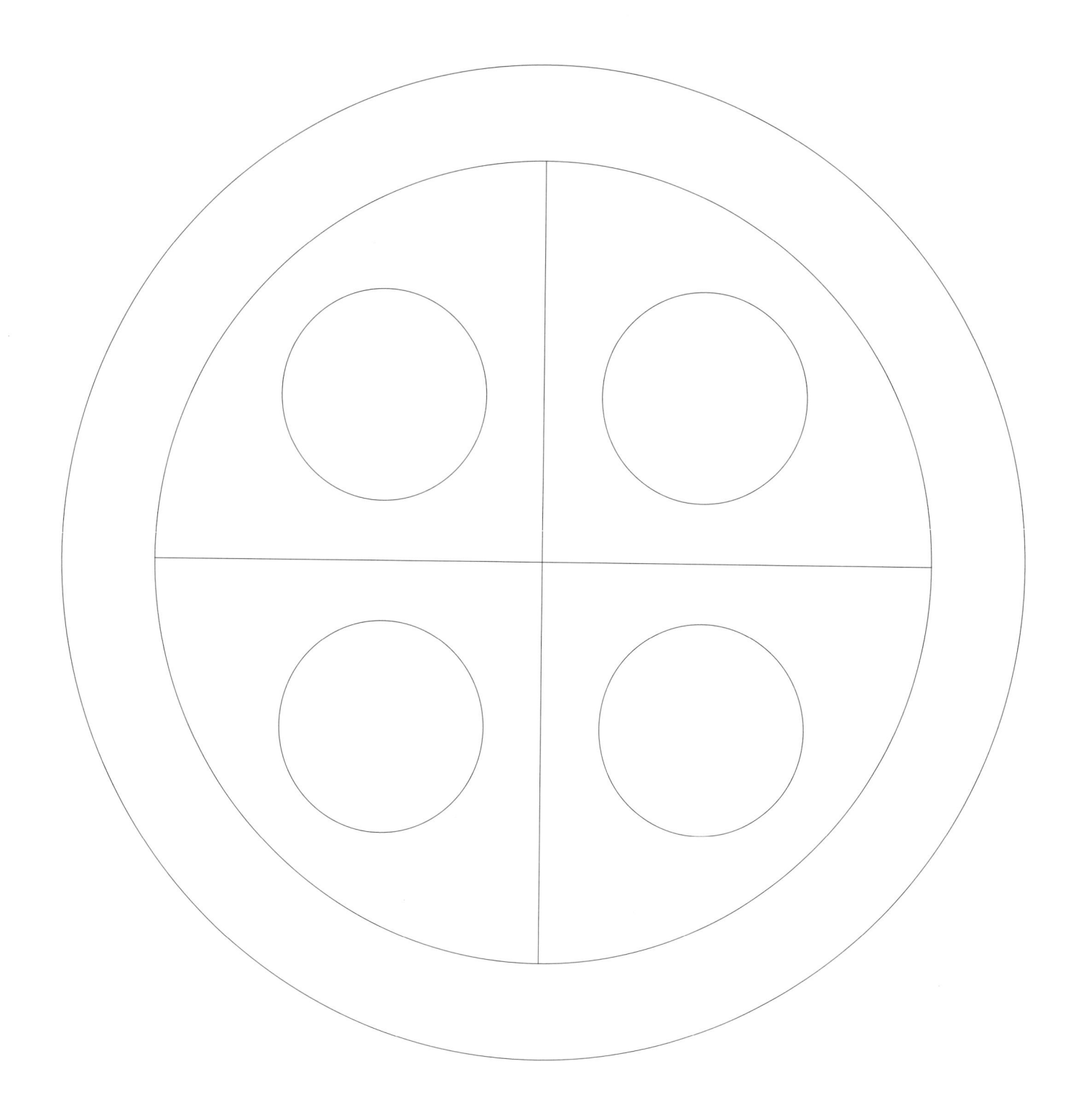

64

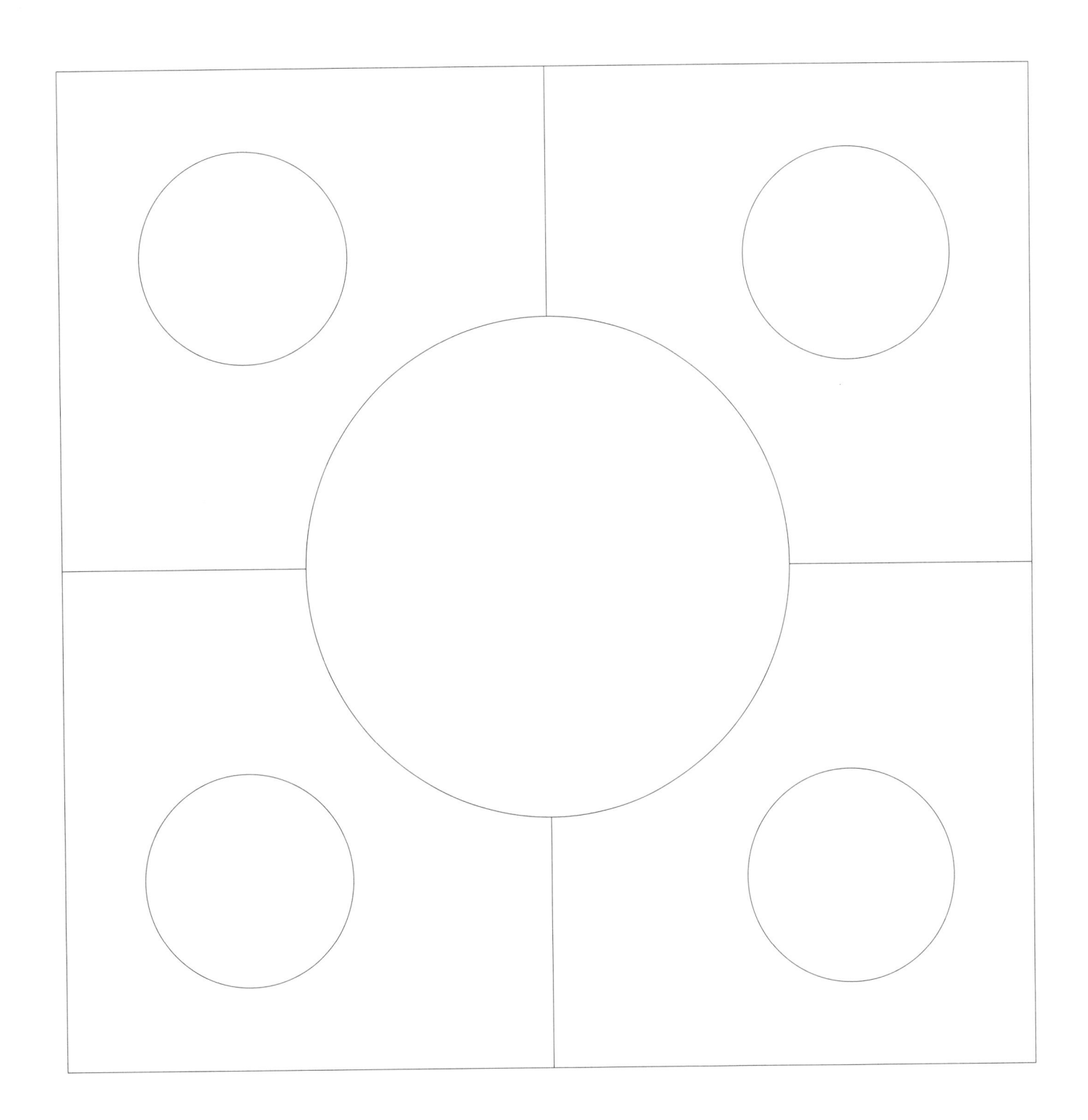

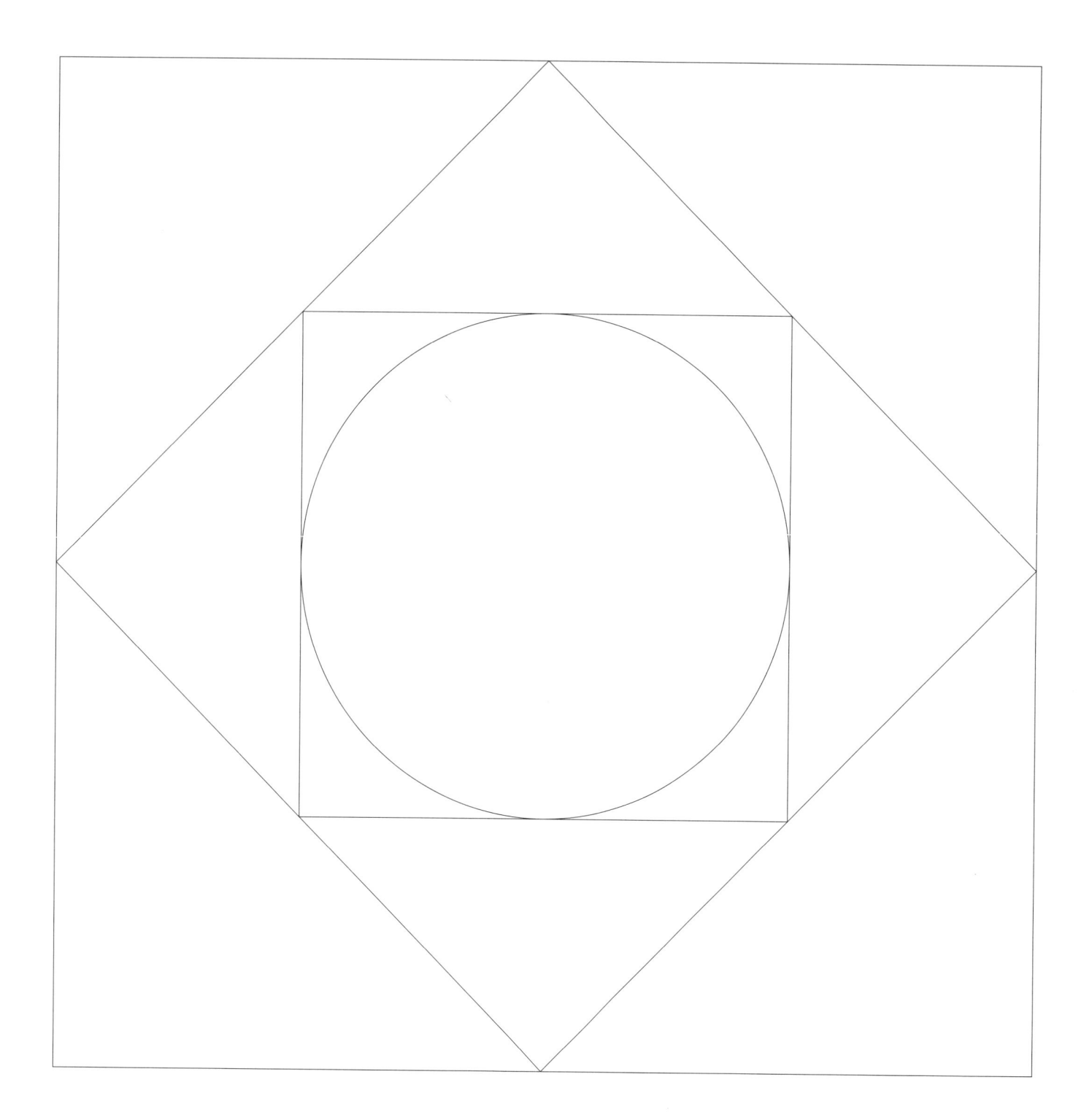

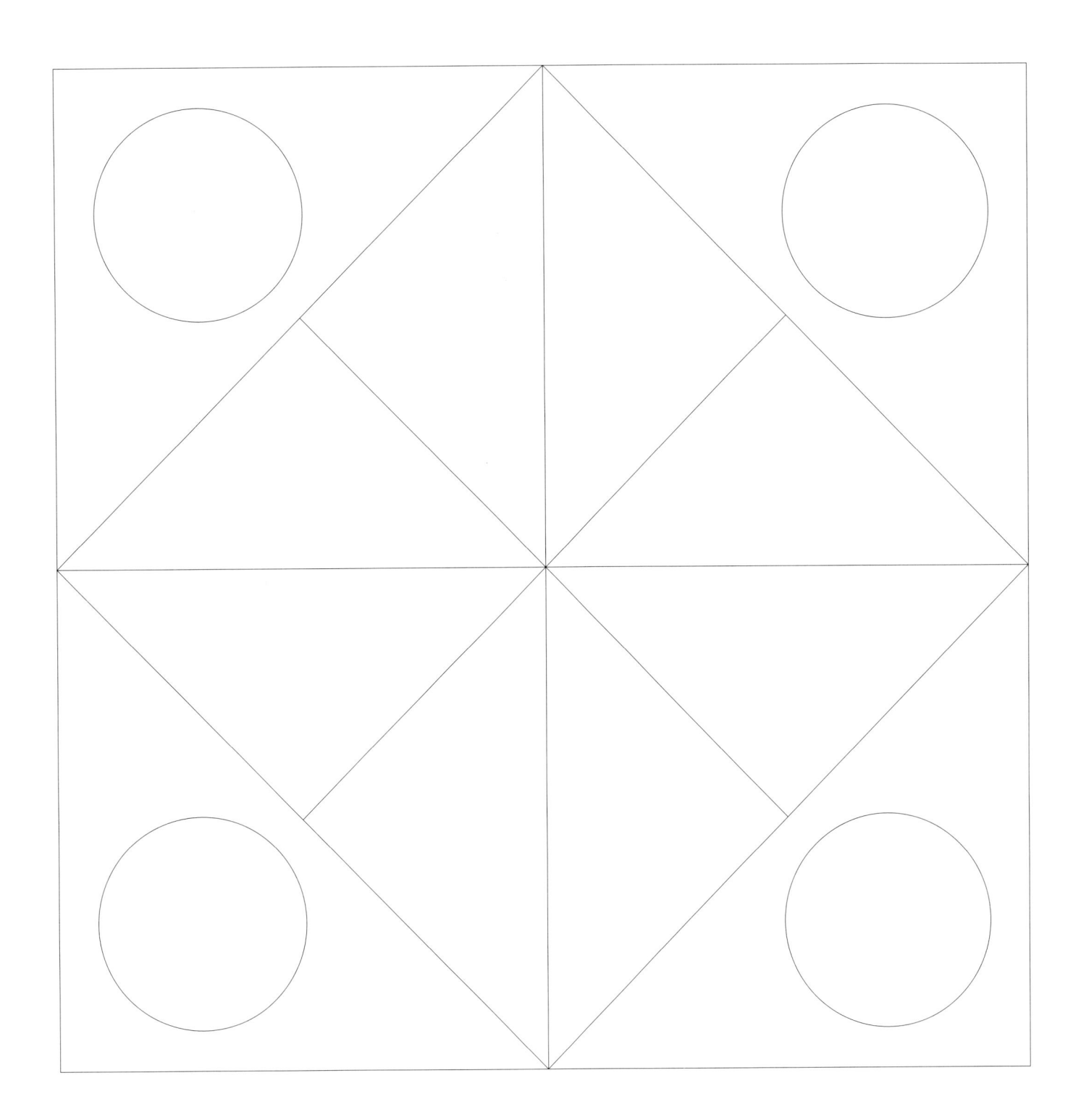

INSPIRAÇÕES DA NATUREZA

Os celtas mostravam grande respeito pela natureza: realizavam seus rituais nos bosques e consideravam as fontes, rios e poços lugares de cura e renovação. A natureza era o sustentáculo de seu modo de vida e em parte alguma se observava mais a sabedoria, o respeito e a espiritualidade desse povo apaixonado do que em suas extraordinárias obras de arte. Estas, vibrantes, coloridas e repletas de simbolismo, evocavam a energia que flui por toda a criação. A Árvore da Vida, com suas raízes profundas e copa exuberante, era um símbolo especialmente poderoso, que representava a conexão entre as esferas terrena e espiritual.

Uma enorme variedade de plantas era usada pelos celtas em sua medicina e celebrações religiosas. Eles consideravam particularmente sagrados o visgo e o carvalho, enquanto as avelãs propiciavam sabedoria e acuidade. A profunda significação das plantas é evidente no modo como aparecem entrelaçadas em diferentes estilos de arte – gravadas em joias, armas e pedras ou usadas para ornamentar a escrita.

Os animais e as aves também desempenhavam papel de destaque na arte e na mitologia dos celtas. Sua fertilidade evocava os ciclos da vida e algumas criaturas eram vistas como guias espirituais. Cada qual conferia suas próprias qualidades mais características – por exemplo, os *ursos* representavam a força e a coragem na guerra, enquanto os *alces* simbolizavam o Deus Cornudo, Cernunnos, associado à fertilidade e à masculinidade. Os *cavalos* eram um símbolo particularmente vigoroso, pois denotavam a liberdade, o poder, a fertilidade e a nobreza. Denotavam também a cura e, segundo se acreditava, traziam mensagens para as pessoas em sonhos. Mais significativas ainda eram duas criaturas que aparecem nas mandalas deste livro: o *dragão*, que representava os poderes elementares, e o *salmão*, que simbolizava profecia ou intuição. Você pode usar qualquer um deles como "animais de poder" concentrando-se em sua figura e invocando suas qualidades especiais antes de começar a trabalhar com a mandala ou enquanto estiver meditando sobre uma delas.

Outro motivo celta importante e muito usado, inspirado pela natureza, era a espiral, que simbolizava o ciclo infindável do mundo físico, sugerindo também, desse modo, possibilidades e progresso sem fim. O círculo, forma básica nas mandalas, aparece no desenho tradicional do labirinto celta – um caminho sinuoso aberto no chão e que o povo seguia como jornada rumo a seu próprio centro espiritual. A Estrela no Poço (página ao lado) é uma versão simplificada dessa ideia.

As mandalas mostradas neste livro revelam muita coisa do mundo celta, dando acesso à profunda espiritualidade desse povo e oferecendo a possibilidade de uma jornada interior para encontrarmos nosso eu sábio e recôndito, bem como a paz que semelhante descoberta pode proporcionar.

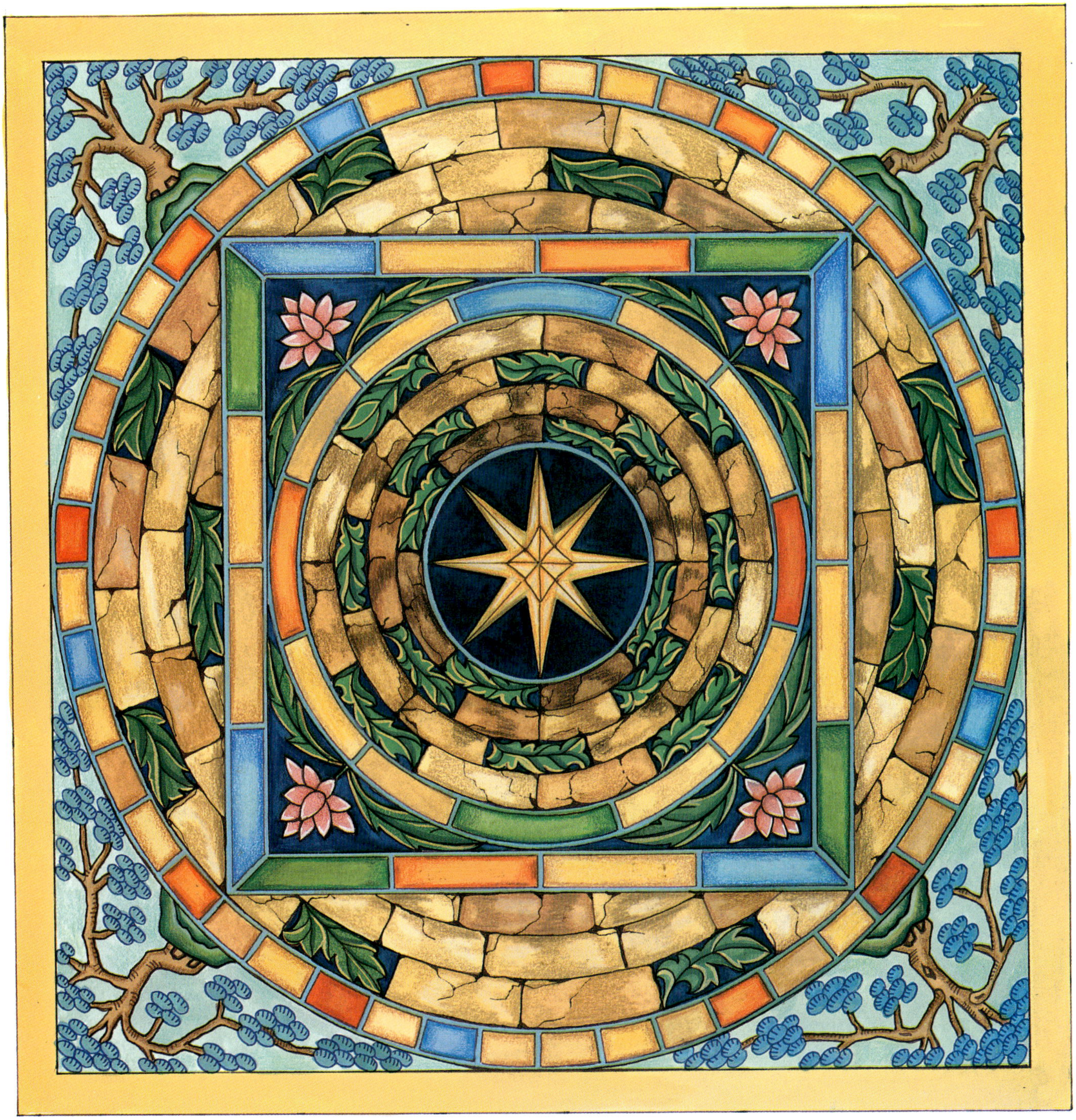

CATÁLOGO DE SÍMBOLOS DAS MANDALAS CELTAS

Os celtas nos legaram poucos registros escritos, de modo que às vezes é difícil determinar com exatidão as origens e significados de seus símbolos. Boa parte do que sabemos nos chegou por intermédio dos romanos, que conquistaram as terras celtas durante a ascensão de seu império. Nestas páginas, há uma seleção de símbolos que são celtas na essência ou na atmosfera. Motivos populares incluem o nó sem fim, que representa o interminável cruzamento de caminhos espirituais e físicos em nossa vida, e a cruz celta, que é provavelmente o símbolo mais conhecido desse povo. O Homem Verde e o dragão dão testemunho do fascínio dos celtas pelo poder elementar. Um dos mais influentes conjuntos de iconografia celta provém dos contos míticos sobre o rei Artur e os Cavaleiros da Távola Redonda, e a busca do Santo Graal – supostamente um repositório do sangue de Cristo após a Crucificação. Essa mescla de mito antigo e associações cristãs posteriores, que se fundiram com a tradição nativa durante a Idade Média, é um dos aspectos mais fascinantes da visão de mundo celta.

Ninho de Pássaro
Forte, mas delicado, o ninho do pássaro simboliza a nutrição – nosso lar no deserto.

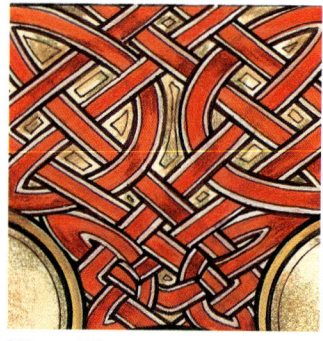

Nó sem Fim
Sem começo nem fim, o nó celta nos lembra a eternidade e a perfeição espiritual.

Folhas
Algumas folhas conseguem crescer entre as pedras, simbolizando uma amizade sólida e duradoura.

Cúpula
A cúpula celestial, com forma concreta na arquitetura sacra, é um arquétipo universal.

Cálice
Esse recipiente para a água da vida evoca intuição e capacidade psíquica.

Labirinto
Por esses caminhos que formam um padrão críptico, empreendemos uma jornada até o centro de nosso próprio ser.

Nascer do Sol
Simboliza recomeços e a passagem da escuridão (ignorância) para a luz (fé).

Homem Verde
Um espírito da natureza pagão, que simboliza nossa união com a natureza – nosso enraizamento.

Tríscele
Espiral em três partes que significa dinamismo e progresso espiritual.

Dragão
Encarnação da energia cósmica associada aos quatro elementos.

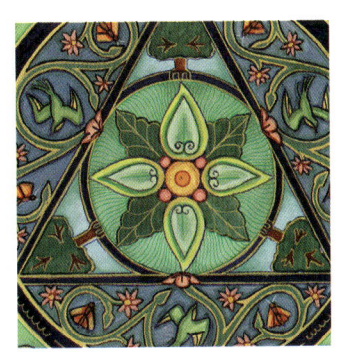

Cruz
A cruz celta é mais comum (ver p. 3); esta, porém, é feita de folhas e bagas.

Salmão
Primariamente associado à sabedoria e à profecia, o salmão é profundamente espiritual.

Rosa
Bastante ambígua, a rosa simboliza tanto a perfeição celeste quanto a paixão terrena.

Bolotas
Símbolo de longevidade e perseverança associado aos Druidas.

Redemoinho de Água
A água tem associações universais com a pureza. Sua fluidez representa também o ciclo vital.

Título original: *Celtic Mandalas*.

Copyright © 2013 Watkins Media Limited.

Copyright do texto © 2013 Watkins Media Limited.

Copyright do artwork © 2013 Watkins Media Limited.

Publicado pela primeira vez na Inglaterra em 2013 pela Watkins Media Limited – http://www.watkinspublishing.com.

Copyright da edição brasileira © 2015 Editora Pensamento-Cultrix Ltda.

Texto de acordo com as novas regras ortográficas da língua portuguesa.

1ª edição 2015.

Todos os direitos reservados. Nenhuma parte deste livro pode ser reproduzida ou usada de qualquer forma ou por qualquer meio, eletrônico ou mecânico, inclusive fotocópias, gravações ou sistema de armazenamento em banco de dados, sem permissão por escrito, exceto nos casos de trechos curtos citados em resenhas críticas ou artigos de revista.

A Editora Pensamento não se responsabiliza por eventuais mudanças ocorridas nos endereços convencionais ou eletrônicos citados neste livro.

Editor: Adilson Silva Ramachandra
Editora de texto: Denise de Carvalho Rocha
Gerente editorial: Roseli de S. Ferraz
Produção editorial: Indiara Faria Kayo
Assistente de produção editorial: Brenda Narciso
Editoração eletrônica: Join Bureau
Revisão: Vivian Miwa Matsushita

Dados Internacionais de Catalogação na Publicação (CIP)
(Câmara Brasileira do Livro, SP, Brasil)

Tenzin-Dolma, Lisa
   Mandalas celtas : imagens inspiradas para desenhar, colorir e meditar : acompanhadas de indicações de cores com base na cromoterapia / Lisa Tenzin-Dolma ; tradução Gilson César Cardoso de Souza. – São Paulo : Pensamento, 2015.

   Título original: Celtic mandalas
   ISBN 978-85-315-1920-8

   1. Arte celta e simbolismo 2. Arteterapia 3. Espiritualidade 4. Mandala (Celtas) I. Título.

15-06290   CDD-299.16

Índices para catálogo sistemático:
1. Mandalas celtas : Arte simbólica e espiritualidade   299.16

Direitos de tradução para o Brasil adquiridos com exclusividade pela EDITORA PENSAMENTO-CULTRIX LTDA., que se reserva a propriedade literária desta tradução.
Rua Dr. Mário Vicente, 368 – 04270-000 – São Paulo – SP
Fone: (11) 2066-9000 – Fax: (11) 2066-9008
http://www.editorapensamento.com.br
E-mail: atendimento@editorapensamento.com.br
Foi feito o depósito legal.

Nota do Editor: Este livro não recomenda a meditação com mandalas para o tratamento específico de doenças, apenas para a melhora geral do bem-estar. A meditação é benéfica para a maioria das pessoas e, em geral, não causa danos; entretanto, quem não tiver certeza de que ela lhe convém deve consultar um médico antes de tentar qualquer meditação aqui apresentada. Nem o editor nem a autora se responsabilizam por possíveis lesões ou problemas ocasionados pelas recomendações deste livro ou pela prática das técnicas de meditação aqui mencionadas.